# BEI GRIN MACHT SICH IHR WISSEN BEZAHLT

- Wir veröffentlichen Ihre Hausarbeit,
  Bachelor- und Masterarbeit

- Ihr eigenes eBook und Buch -
  weltweit in allen wichtigen Shops

- Verdienen Sie an jedem Verkauf

Jetzt bei www.GRIN.com hochladen
und kostenlos publizieren

# Aufbau einer Online-Umfrage auf Basis von MySQL und PHP

Robin Fischer

**Bibliografische Information der Deutschen Nationalbibliothek:**

Die Deutsche Nationalbibliothek verzeichnet diese Publikation in der Deutschen Nationalbibliografie; detaillierte bibliografische Daten sind im Internet über http://dnb.d-nb.de abrufbar.

ISBN: 9783346845399
Dieses Buch ist auch als E-Book erhältlich.

© GRIN Publishing GmbH
Nymphenburger Straße 86
80636 München

Druck und Bindung: Books on Demand GmbH, Norderstedt Germany
Gedruckt auf säurefreiem Papier aus verantwortungsvollen Quellen

Das vorliegende Werk wurde sorgfältig erarbeitet. Dennoch übernehmen Autoren und Verlag für die Richtigkeit von Angaben, Hinweisen, Links und Ratschlägen sowie eventuelle Druckfehler keine Haftung.

Das Buch bei GRIN: https://www.grin.com/document/1338493

AKAD Bildungsgesellschaft mbH – Digital Engineering und Angewandte Informatik
(B.Eng.)

Assignment zum Thema

**Online Umfrage (Gruppen- oder Einzelarbeit)**

# Inhaltsverzeichnis

# I.  Abbildungsverzeichnis

# II.  Abkürzungsverzeichnis

PHP = Hypertext Preprocessor

SQL = Structured Query Language

ERM = Entity-Relationship-Modell

HTML = Hypertext Markup Language

HTTP = Hypertext Transfer Protocol

# III.  Tabellenverzeichnis

I

# 1 Einleitung

Das Assignment für das Studienmodul DBA20 – Datenbanksysteme mit dem Thema Online Umfrage (Gruppen- oder Einzelarbeit) wurde von ███████████████ gemeinsam erstellt. Deshalb wird eine einheitliche Gruppenbenotung gewünscht.

## 1.1 Problemstellung und Zielsetzung

Die Problemstellung liegt im Falle dieses Assignments bereits in der Aufgabenstellung. Es soll eine Online-Umfrage auf Basis von MySQL bzw. PHP aufgebaut werden. Hierzu soll ein geeignetes Datenmodell entworfen und in MySQL implementiert werden. Für die Abfrage bzw. die Eingabe der Daten soll eine Eingabemaske erstellt werden. Nach einem Telefonat mit ███████████████████████ ist zusätzlich eine Administrator-Oberfläche und eine Benutzer-Oberfläche zu erstellen. Auf eine Onlinestellung der Website kann verzichtet werden. Dem Benutzer soll die Möglichkeit gegeben werden eine oder mehrere Antworten zu geben und die Umfrageergebnisse einsehen zu können. Auf der Administrator-Oberfläche, auf welcher sich vorher authentifiziert werden muss, soll dem Administrator die Möglichkeit gegeben werden neue Fragestellungen zu erstellen und vorhandene Fragestellungen zu editieren.

## 1.2 Aufbau

Nach erfolgter Kurzpräsentation des Themas in der Einleitung, sowie der Erläuterung der Problemstellung und Zielsetzung im gleichnamigen Kapitel, wird nun im Folgenden auf die benötigten Grundlagen eingegangen. Diese beinhalten die theoretischen Grundlagen zu PHP und MySQL, sowie eine Erläuterung des Themas Online-Umfragen. Auf den Grundlagen aufbauend folgt in Kapitel 3 die Konzeption und der Aufbau der Datenbank, sowie die Anschließende Implementierung in MySQL. Nachdem in Kapitel 4 die Programmierung der Online-Umfrage erläutert wird, folgt im fünften und letzten Kapitel ein Fazit und eine kritische Betrachtung des erreichten Ergebnisses.

# 2 Grundlagen

## 2.1 PHP

PHP war im Ursprung eine Abkürzung für „Personal Home Page Tools", später wurde daraus „PHP Hypertext Preprocessor". PHP wurde 1995 von Rasmus Lerdorf vorgestellt und anschließend mit Andi Gutmans und Zeev Suraski weiterentwickelt. (vgl. Schinker, 2014, S.184). PHP ist kostenlos verfügbar und wird von den meisten Webbrowsern zur Nutzung angeboten, es wird jedoch, im Gegensatz zu Javascript, ein Webserver benötigt, um PHP-Programme ausführen zu können, da es sich um eine serverseitige Skriptsprache handelt (vgl. Bühler et al., 2018, S.54). Die Ausführung eines PHP-Programms auf einem Webserver läuft folgendermaßen ab:

1. Ein Benutzer tätigt eine Eingabe (z.b. Auswahl der Versandart in einem Onlineshop) und bestätigt diese.
2. Die Auswahl wird durch das Hypertext Transfer Protocol (HTTP) an den Webserver übertragen.
3. Der Webserver ruft ein PHP-Skript auf, dessen Ausführung durch einen sogenannten PHP-Interpreter erfolgt.
4. Das PHP-Programm sorgt nun dafür, dass die vom Benutzer getätigte Auswahl, bzw. die Eingaben weiterverarbeitet werden (z.B. Schreiben der eigegebenen Daten in eine Datenbank). Außerdem erzeugt das PHP-Programm den HTML-Code, welcher an den Benutzer gesendet wird.
5. Der durch PHP generierte HTML Code wird mittels HTTP zurück an den Webbrowser des Benutzers gesandt.
6. Der Webbrowser zeigt die gelieferte HTML-Seite an und der Benutzer kann unter Umständen eine Bestätigung der Erfolgen Eingabe oder Ähnliches erkennen.

Dieser Ablauf wird als dynamischer Zugriff auf einen Webserver bezeichnet, da (im Unterschied zu statischen Zugriffen) hierbei keine fertigen HTML-Dateien aufgerufen werden, sondern PHP-Programme, welche den HTML Code erzeugen und mittels HTTP zurücksenden (vgl. Bühler et al., 2018, S.54).

## 2.2 SQL und MySQL

SQL (Structured Query Language) ist eine ISO-standardisierte und plattformunabhängige Abfragesprache für Datenbanken. Es existieren verschiedene Sprachversionen, so dass in Abhängigkeit vom eingesetzten Datenbankmanagementsystem durchaus unterschiedliche SQL-Sprachversionen vorkommen können. SQL ermöglich unter anderen:

- Erstellen von Datenbanken und Tabellen,
- Eingeben, Ändern und Löschen von Datensätzen,
- Abfragen von Daten nach gewünschten Kriterien.

Im Unterschied zu anderen Sprachen ist der Wortschatz von SQL relativ begrenzt, jedoch einfach zu verstehen. (vgl. Bühler et al., 2018, S.77).

SQL hat sich seit der ersten Normierung im Jahr 1987 zur wichtigsten Standardsprache für Datenbanken entwickelt. Über einige weitere normierte Versionen wurde 1999 mit der Version SQL3 die Objektorientierung ergänzt. Weitere Entwicklungen, insbesondere in Richtung XML (Extensible Markup Language) führen zu aktuellen Version SQL 2019 (Stand 04.06.2022) (vgl. Schicker, 2014, S.97-98).

MySQL ist eines der weltweit verbreitetsten relationalen Datenbankverwaltungssysteme und ist sowohl als Open-Source-Software sowie als kommerzielle Enterpriseversion verfügbar. MySQL wurde seit 1994 von Unternehmen MySQL AB entwickelt, welches anschließend 2008 vom Unternehmen Sun Microsystems übernommen wurde, welches anschließend 2010 von Oracle gekauft wurde. Der Name MySQL setzt sich aus dem Vornamen der Tochter eines MySQL AB Mitbegründers und SQL zusammen. Ein bevorzugtes Einsatzgebiet von MySQL ist die Datenspeicherung für Webservices, häufig in Verbindung mit dem Webserver Apache und der Skriptsprache PHP. MySQL wird unter anderem von YouTube, Facebook und Twitter verwendet. (vgl. MySQL, https://www.de.wikipedia.org/wiki/MySQL, Abruf am 10.06.2022).

## 2.3 Online-Befragungen

Online-Befragungen werden auf dem Server eines Forschungsinstituts oder eines Providers platziert und werden online ausgefüllt. Sie unterscheiden sich also von anderen Befragungsmöglichkeiten durch das von Ihnen genutzte Medium: das Internet. Online-Befragungen haben die Datenerhebung nachhaltig verändert, denn um die Jahrtausendwende wurden lediglich 3% aller Befragungen online ausgefüllt, wohingegen bereits 2011 mit 36% die meisten Befragungen online durchgeführt wurden. Technisch möglich wurden Online-Umfragen im Jahr 1994 mit der Veröffentlichung von HTML 2.0, eine Professionalisierung lieferte die 1996 gegründete German Internet Research List, eine Mailingliste, welche methodische und praktische Fragen über die Datenerhebung im Internet zur Verfügung stellt (vgl. Wagner et al., 2014, S.48).

Die bei einer Online-Umfrage getätigten Antworten werden automatisch als Datensätze in einer Datenbank gespeichert und können zur späteren Weiterverarbeitung, wie zum Beispiel zur Auswertung und zum Reporting wieder ausgelesen werden.

Die Vorteile von Online-Befragungen liegen unter anderem an der hohen Reichweite, einen geringen Zeitaufwand, da theoretisch unendlich viele Menschen weltweit parallel teilnehmen können und an der schnellen und einfachen Möglichkeit der Auswertung der Ergebnisse. Nachteile von Online-Befragungen sind die Anonymität dieser Befragung, welche unseriöse Antworten nach sich ziehen können, außerdem gibt es keine direkte Rückfragemöglichkeit bei Verständnisschwierigkeiten.

# 3 Konzeption und Datenmodelle der Online-Umfrage

Inhalt dieses Kapitels ist die Konzeption und die Datenmodelle der Datenbank, bzw. der Tabellen für die Online-Umfrage. Zunächst wird im Kapitel 3.1 ein Entity-Relationship-Modell erstellt, welches anschließend in ein Relationales Modell in Kapitel 3.2 umgewandelt wird. Der letzte Schritt ist die Implementierung des Modells in SQL im Kapitel 3.3.

## 3.1 Entity-Relationship-Modell

Das Entity-Relationship-Modell kann verwendet werden, um Daten zu beschreiben, es wurde 1976 von Peter Chen vorgestellt und erhält drei grundlegende Elemente: Entitätstypen, Beziehungen und Attribute.

- **Entitätstypen:** stellen Aspekte der realen Welt abstrahiert dar, wie z.b. alle Artikel eines Sortiments. Ein konkreter Entitätstyp wäre ein konkret bestimmbarer Artikel. Entitätstypen werden durch ein Rechteck beschrieben

- **Beziehungen:** beschreiben den Zusammenhang zwischen Entitäten und werden durch eine Raute dargestellt, welche durch Kanten mit den in Beziehung stehenden Entitäten verbunden sind.

- **Attribute:** beschreiben Entitäten (bzw. Entitätstypen) genauer. So kann beispielsweise ein Artikel mit seiner Artikelnummer, seiner Bezeichnung, seinem Preis, usw. beschrieben werden und werden durch ein Oval symbolisiert. Schlüssel-Attribute kennzeichnen eine Entität eindeutig (z.B. Artikelnummer) und sind durch ihre unterstrichene Bezeichnung erkennbar. (vgl. Gadatsch, 2017, S.9-10)

Das ER-Modell für die Online-Umfrage ist in der nachfolgenden Abbildung 1 dargestellt. Die Schlüsselattribute sind unterstrichen. Die Beziehungen und Kardinalitäten zwischen den Entitäten sind ebenfalls eingezeichnet.

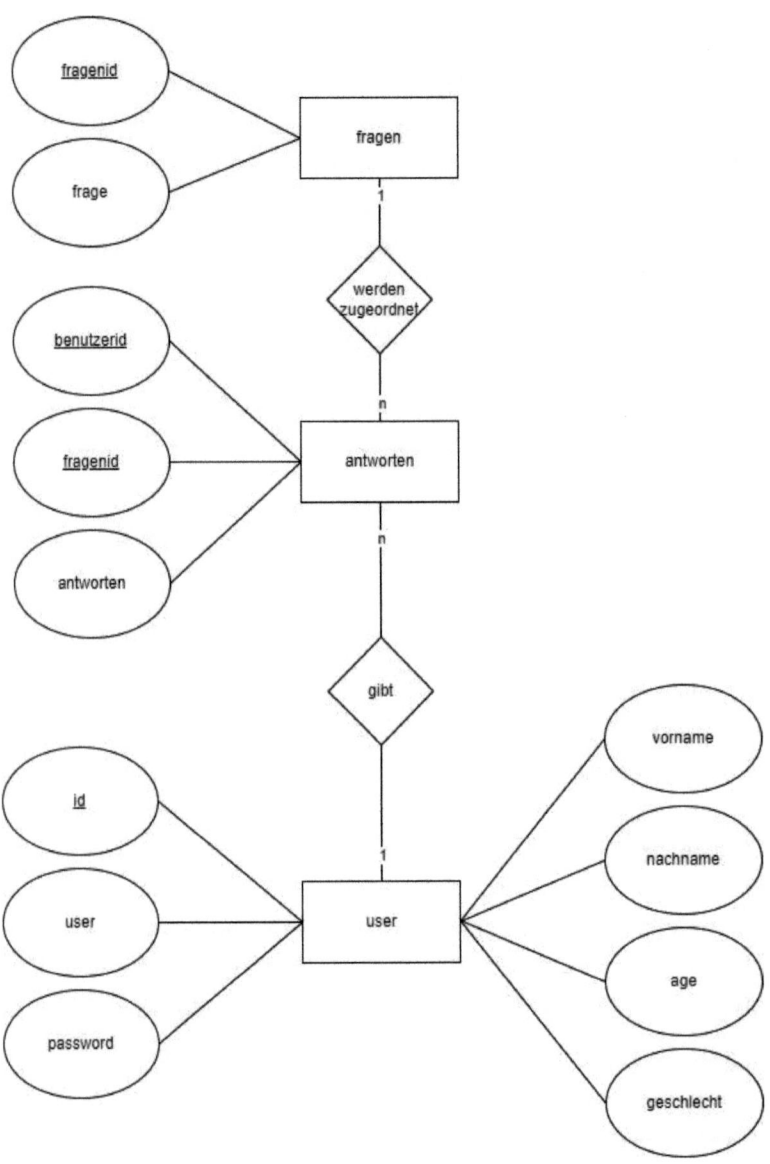

*Abbildung 1: ER-Modell*

## 3.2 Relationales Modell

Das relationale Datenbankmodell basiert auf der Relationentheorie und damit auf mathematisch festgelegt Regeln. In diesem Modell lassen sich alle Entitätstypen in zweidimensionale Tabellen (sogenannte Relationen) übertragen. Diese Tabellen haben je Attribut einer Entität eine Spalte in der Relation. Eine Zeile in einer Relation (auch Tupel genannt) beschreibt somit einen Datensatz, bzw. eine konkrete Entität. Um in diesem Modell einen Datensatz innerhalb einer Relation eindeutig beschreiben zu können, wird ein Primärschlüssel definiert, welcher sich aus einem oder mehreren Attributen zusammensetzt. Da es im relationalen Modell keine Beziehungen gibt, werden Beziehungen zwischen Relationen über Fremdschlüssel definiert. Bei einem Fremdschlüssel handelt es sich ebenfalls um eine Spalte in einer Relation, die ein Primärschlüssel in einer anderen Relation sein muss. Diese Notwendigkeit wird als Referenzielle Integrität bezeichnet (vgl. Herrmann, 2018, S.30-32).

Das Relationale Modell für die Online-Umfrage, welches sich aus dem ER-Modell ergibt, ist in den nachfolgenden Tabellen dargestellt. Die eingetragenen Daten dienen als Beispiele und sind nicht identisch mit der Umfrage.

**Relation Fragen**

| #fragenid | frage |
|-----------|-------|
| 1 | Wie findest du diese Umfrage? |
| 2 | Wie gefällt Ihnen das Design? |
| 3 | Wie kompetent finden Sie ihren Chef? |

*Tabelle 1: Relationsschema Fragen*

**Relation Antworten**

| #benutzerid | #fragenid | antworten |
|-------------|-----------|-----------|
| 1 | 1 | 1 |
| 1 | 2 | 1 |
| 1 | 3 | 1 |

*Tabelle 2: Relationsschema Antworten*

**Relation user**

| #id | user | password | vorname | nachname | age | geschlecht |
|-----|------|----------|---------|----------|-----|------------|
| 1 | Admin | Sonne12 | Matt | Eagle | 20 | m |
| 2 | sql | Abc123 | Es | QI | 22 | m |
| 3 | Robin | Dollar$1 | Robin | Round | 23 | m |

*Tabelle 3: Relationsschema user*

## 3.3 Implementierung in mySQL

Um das in Kapitel 3.2 entwickelte relationale Modell nun in eine SQL-Datenbank zu implementieren, musste zunächst ein Datenbankserver installiert werden. Hier wurde sich für das Programm(paket) XAMPP entschieden. XAMPP ist eine Zusammenstellung von freier Software, es ist kostenlos erhältlich und darf kostenlos kopiert werden unter den Bedingungen der GNU General Public Licence. (XAMPP – Über, https://www.apache-friends.org/de/about.html, Abruf am 28.06.2022). XAMPP setzt sich aus den Komponenten **A**pache Webserver, Datenbank **M**ariaDB und den Programmiersprachen **P**HP und **P**erl zusammen. Das **X** steht hierbei für die Kompatibilität auf verschiedenen Betriebssystemen. Nach dem Starten der Module für den Webserver und den Datenbankserver wurde in der Weboberfläche des Datenbankservers (erreichbar unter http://localhost/phpmyadmin) zunächst die Datenbank *dba20* angelegt. Anschließend wurden die benötigten Tabellen *user, fragen* und *antworten* mit den Eigenschaften, welche in den Modellen der vorherigen Kapitel 3.1 und 3.2 festgelegt wurden, erstellt. Alle Befehle wurden unter dem Standard-Administrator der Datenbank „root" ausgeführt. Ein weiterer Datenbank-Benutzer „admin" wurde ebenfalls angelegt, um die Rechte des Datenbank-Benutzers, welcher im späteren Verlauf die Befehle zur Nutzung der Online-Umfrage ausführt, so gering wie möglich halten zu können. Die benötigten SQL-Befehle für diese Schritte lauten:

1. CREATE DATABASE dba20;

2. CREATE TABLE user (id INT NOT NULL AUTO_INCREMENT, user CHAR(20) NOT NULL, password varchar(250) NOT NULL, vorname CHAR(20), nachname CHAR(20), age INT(3), geschlecht CHAR(1), PRIMARY KEY (id));

3. CREATE TABLE fragen(fragenid INT PRIMARY KEY AUTO_INCREMENT, frage VARCHAR(255));

4. CREATE TABLE antworten(benutzerid INT, fragenid INT, antwort INT, FOREIGN KEY(benutzerid) REFERENCES user(id), FOREIGN KEY(fragenid) REFERENCES fragen(fragenid), PRIMARY KEY(benutzerid,fragenid));

5. CREATE USER 'admin'@'localhost' IDENTIFIED VIA mysql_native_password USING '***';GRANT SELECT, INSERT, UPDATE, DELETE ON *.* TO 'admin'@'localhost' REQUIRE NONE WITH MAX_QUERIES_PER_HOUR 0 MAX_CONNECTIONS_PER_HOUR 0 MAX_UPDATES_PER_HOUR 0 MAX_USER_CONNECTIONS 0;

# 4 Entwicklung der Online-Umfrage-Website

## 4.1 Vorbereitung

Im ersten Schritt der Vorbereitung zur Gestaltung und Strukturierung der Website für die Online-Umfrage wurde ein Mock-Up angefertigt.

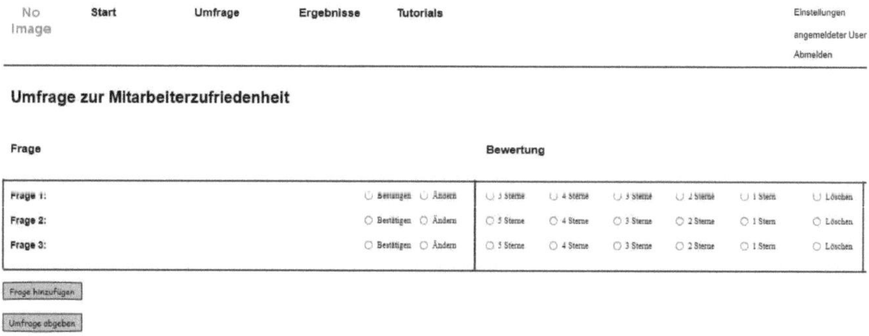

*Abbildung 2: Mock-Up der Umfrage*

Es enthält bereits konkrete Design-Elemente und gibt Auskunft darüber, wie das Look & Feel der späteren Anwendung aussieht. Technisch gesehen handelt es sich bei einem Mock-Up jedoch lediglich um eine Bilddatei, welche etwa mit Adobe Photoshop oder In-Design erstellt wird. Es enthält somit noch keinerlei technische Funktionen, die programmiert wurden (vgl. Pioch 2018, S.32).

Ein Webserver, um die Online-Umfrage anzeigen zu können, wurde bereits in Kapitel 3.3 mit der Installation von XAMPP eingerichtet. Im Installationsverzeichnis von XAMPP wurde unter dem Ordner htdocs ein weiterer Ordner DBA20 angelegt, um alle benötigten Dateien innerhalb eines Ordners verwalten zu können.

## 4.2 Entwicklung der Oberflächen und Logiken

Da in diesem Assignment nicht die Programmiertechniken im Vordergrund stehen, wird in diesem Kapitel nur oberflächlich auf die Entwicklung eingegangen. Für die Entwicklung der Online-Umfrage wurden die Programmiersprachen HTML, CSS, JavaScript und PHP genutzt. Die Gestaltung bzw. Modellierung der einzelnen HTML Elemente wurde fast ausschließlich in externen CSS-Dateien bestimmt. Im weiteren Verlauf des Kapitels wird von „Seiten" gesprochen, welche in diesem Zusammenhang auch als neue PHP-Dateien betrachtet werden können.

### 4.2.1 Authentifizierung und Registrierung

Bevor die Funktionen der Online-Umfrage beschrieben werden, sei gesagt, dass alle Zugangsdaten der bereits vorhandenen Benutzer in der Textdatei „Zugangsdaten" im ZIP-Archiv dieses Assignments zu finden sind. Die Zugangsdaten des Administrators werden nachstehend zusätzlich zur Textdatei genannt:

Benutzername / Passwort: admin / admin

Im ersten Schritt wurde eine neue Seite zur Authentifizierung eines Benutzers der Online-Umfrage mit der dazugehörigen Seite zur Registrierung erstellt. Hier können sich bereits registrierte Benutzer anmelden oder es können sich neue Benutzer zur Nutzung auf der Seite registrieren. Mit Hilfe dieser Masken wird bei einem bereits vorhandenen Benutzer ein Abgleich der Anmeldedaten, bestehend aus Benutzernamen und Passwort, mit der Tabelle *user* mit den gleichnamigen Attributen durchgeführt, um eine Authentifizierung gewährleisten zu können. Im Falle einer Registrierung gibt der zukünftige Benutzer alle Informationen an, welche ebenfalls in der Datenbank in einem Datensatz der Tabelle *user* vorhanden sein müssen. Werden die eingegebenen Daten und somit der neue Benutzer registriert, werden alle Informationen in die Tabelle *user* eingetragen und somit ein neuer Benutzer erstellt, welcher sich anschließend ebenfalls auf der Seite für die Anmeldung authentifizieren kann. Das Passwort wird sowohl bei der Authentifizierung als auch bei der Registrierung eines Benutzers als Hash (bcrypt-Alogithmus) übertragen und erst mit den entsprechenden PHP-Funktionen ver-/ bzw. entschlüsselt.

## 4.2.2 Umfrage

Auf der Seite der Umfrage wurde es nun etwas komplexer, da hier verschiedene Funktionen implementiert werden sollten. Zunächst wurde eine dynamische Tabelle erstellt, welche bei jedem Aufruf der Seite immer den aktuellen Stand der Fragen aus der Datenbank abruft und anzeigt. Zu jeder Frage wird ebenfalls ein Bewertungsschema von einem bis fünf Sternen erzeugt, wobei fünf Sterne das beste und ein Stern das schlechteste Ergebnis ist. Die Umfrage lässt sich über den Button „Umfrage abgeben" einreichen. Hierbei wird die Fragen-ID mit der selektierten Bewertung und der BenutzerID in die Tabelle *antworten* geschrieben und stellt somit einen Datensatz dar. Für jede Bewertung bzw. Antwort auf eine Frage aus der Umfrage wird je ein Datensatz in der Tabelle *antworten* erstellt, somit lässt sich auf Datenbankebene jede Antwort genau zu der zugehörigen Frage und zu dem „antwortenden" Benutzer zuordnen.

Der Benutzer „admin", welcher eine Art Website-Administrator darstellt, hat neben der Abgabe der Umfrage weitere funktionale Möglichkeiten:

- Frage hinzufügen: Der Administrator hat die Möglichkeit zu den vorhandenen Fragen weitere hinzuzufügen. Dazu muss auf den Button „Frage hinzufügen" geklickt werden und das nun ersichtliche Textfeld gefüllt werden. Mit Betätigen des Buttons „Fertig" wird der Inhalt des Textfeldes nun als neuer Datensatz in der Tabelle *fragen* eingefügt.

- Fragen editieren: Mit einem Klick auf den Button mit dem Stift-Symbol, welcher rechts neben den Fragen liegt, kann der Administrator eine vorhandene Frage bearbeiten. Sind die gewünschten Änderungen eingetragen, kann die Änderung mit dem Button mit dem Haken-Symbol übernommen werden. Hierbei wird in der Tabelle *fragen* anhand der Fragen-Nummer die entsprechende „Fragestellung" geändert.

- Fragen löschen: Möchte der Administrator eine Frage gänzlich löschen, kann dies mit dem Button mit dem Papierkorb-Symbol rechts neben den jeweiligen Zeilen durchgeführt werden. Hier wird ebenfalls anhand der Fragen-Nummer der entsprechende Datensatz in der Tabelle *fragen* gelöscht. Sollten hier bereits Antworten zu der zu löschenden Frage bestehen, werden diese ebenfalls anhand der Fragen-Nummer gelöscht.

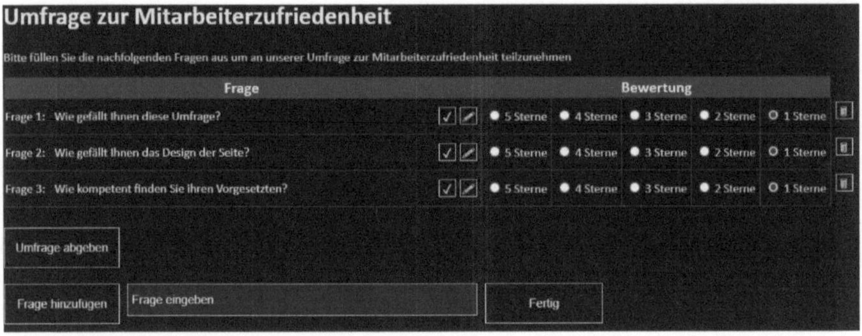

*Abbildung 3: Umfrage Unterseite (Administrator-Ansicht)*

### 4.2.3 Ergebnisse

Auf dieser Seite werden Ergebnisse der bisherigen Antworten und Statistiken der Teilnehmer der Umfrage dargestellt. Auf der linken Seite werden zunächst die Ergebnisse je Frage aufbereitet. Hierbei wird der Prozentsatz in einem Balken grün eingefärbt, je nachdem in welchem Verhältnis dieser zur Gesamtzahl der abgegebenen Antworten je Frage steht. Auf der rechten Seite werden weitere Statistiken über die Teilnehmer angezeigt, welche sich nur anpassen, wenn ein erstellter Benutzer auch an der Umfrage teilnimmt. Als erstes wird die Gesamtzahl der bisherigen Teilnehmer gezählt, diese Information wird mittels der Tabelle *antworten* herangezogen, indem alle IDs der Benutzer abgefragt werden und diese mit dem Zusatz „DISTINCT" im entsprechenden SQL Befehl nur auf unterschiedliche Ergebnisse reduziert wird. Eine PHP-Funktion zählt nun die Zeilen des Ergebnisses der Abfrage. Darunter wird nun die Altersstruktur der Teilnehmer aufbereitet. Auch hier geht es nur um die Teilnehmer der Umfrage und nicht um registrierte Benutzer. Die Letzte Statistik zeigt nun die Aufteilung nach Geschlecht der bisherigen Teilnehmer.

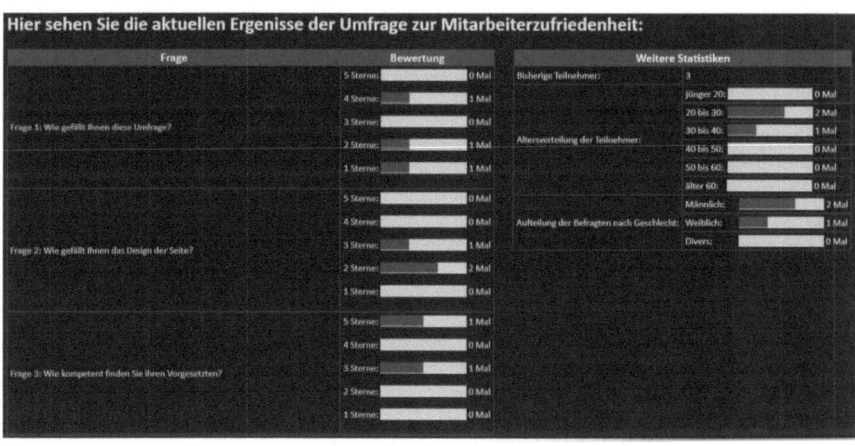

*Abbildung 4: Ergebnisse Unterseite*

# 5 Erweiterungsmöglichkeiten und Fazit

## 5.1 Erweiterungsmöglichkeiten

Eine fundamentale Erweiterungsmöglichkeit dieser Arbeit besteht in der Datensicherheit der Website und der Datenbank. Diese wurde auf Grund des geforderten Rahmens des Assignments zunächst in vielen Punkten bewusst vernachlässig. Lediglich die Verschlüsselung und Übertragung von Passwörtern als Hash (bcrypt-Alogithmus) während der Datenbankkommunikation, sowie benutzerabhängige PHP-Sessions sorgen für eine erste Sicherheit. Allerdings wurde die Website nicht explizit gegen weitere Angriffsmethoden wie zum Beispiel SQL-Injection oder Cross-Site-Scripting geschützt. Auch eine Passwortrichtlinie sollte implementiert werden, um die Passwörter der Benutzer der Online-Umfrage sicherer zu gestalten.

Zur Analyse und Auswertung der Umfragen kann man die Antworten grafisch aufbereiten. Dies kann mit Diagrammen wie z.B. Balken-, Linien-, Kreisdiagrammen realisiert werden. Um es moderner und interaktiver zu gestalten wäre auch eine Anbindung von Grafana an die Datenbank möglich, worin dann bestimmte Abfragen konfiguriert werden können. Grafana ist eine plattformübergreifende Open-Source-Anwendung zur grafischen Darstellung von Daten aus unterschiedlichen Datenquellen wie z.B. MySQL und InfluxDB (vgl. Grafana, https://de.wikipedia.org/wiki/Grafana, Abruf am 29.06.2022).

Ebenso eine mobile Ansicht der Online-Umfrage kann erstellt werden, um zu gewährleisten, dass die Benutzer barrierefrei auf ihren Smartphones bzw. Tablets an der Online-Umfrage teilnehmen können.

Eine weitere mögliche Erweiterung wäre eine Logik, die das Alter der Benutzer anhand des Datums inkrementiert. Denkbar wären außerdem Antwortmöglichkeiten als Freitext, dort ist allerdings eine Auswertung nicht mehr so einfach möglich.

Während der Entwicklungsphase der Website ist aufgefallen, dass immer die oberste Frage (Frage 1) nicht editierbar ist. Leider konnten wir im Rahmen der Ausarbeitung bzw. der Programmierung den genauen Grund dafür nicht herausarbeiten.

## 5.2 Fazit

Ziel der vorliegenden Arbeit war es eine Online-Umfrage auf Basis von MySQL und PHP zu erstellen. Hierzu sollte ein geeignetes Datenmodell entworfen und in mySQL implementiert werden. Eine Eingabe-Maske sowie eine Abgrenzung für Benutzer und Administrator war ebenfalls gefordert. Dem Benutzer sollte die Möglichkeit gegeben werden eine oder mehrere Antworten geben zu können, sowie bisherige Umfrageergebnisse einsehen zu können. Der Administrator sollte zusätzlich die Möglichkeit gegeben werden Fragestellungen zu ergänzen oder vorhandene Fragestellungen zu editieren.

Der gewünschte Umfang der Arbeit von 8-12 Seiten konnte auf Grund der Visualisierung der Modelle in Kapitel 3.1 und 3.2 nicht eingehalten werden, diese sind jedoch zum Verständnis essenziell.

Mittels einer Einleitung wird der Lesende zunächst an das Thema herangeführt und es werden im nachfolgenden Kapitel die theoretischen Grundlagen erläutert, um ein generelles Verständnis in die Thematik zu erlangen. Kapitel 3 führt nun Schritt für Schritt mit Hilfe von zwei verschiedenen Modellen durch die Entwicklung der Datenbank. Im 4.Kapitel wird oberflächlich auf die Entwicklung der Online-Umfrage eingegangen und es werden die verschiedenen Funktionen erläutert.

Aus der persönlichen Sicht der Verfasser dieser Ausarbeitung ist es wichtig, dass Umfragen intuitiv gestaltet sind, damit sich die Anwender nicht überfordert fühlen und zügig die gewünschten Fragen beantworten. Es werden sich mehr Anwender Zeit nehmen, wenn das Erscheinungsbild einfach und modern gehalten wird.

Wir konnten uns dem Thema Datenbanken anhand dieser praktischen Ausarbeitung nähern und einen tieferen Einblick erhalten. Außerdem wurden unsere Fähigkeiten der Website-Programmierung und deren Zusammenhang mit Datenbanken verbessert. Gerne sollten in diesem Zusammenhang eine Verbesserung der Performance unseres Codes für die Online-Umfrage untersucht werden, um spezifischere Kenntnisse in die Programmierung einer Website zu erlangen. Ebenfalls die bereits erwähnten Erweiterungsmöglichkeiten in Kapitel 5.1, insbesondere die IT-Sicherheitsaspekte, können in einer eventuellen späteren wissenschaftlichen Arbeit erneut aufgegriffen werden.

# IV. Literaturverzeichnis

Schicker (2017): Datenbanken und SQL – Eine praxisorientierte Einführung mit Anwendung in Oracle, SQL Server und MySQL, 4.Auflage, Wiesbaden, Springer Vieweg Wiesbaden

Bühler, Schlaich, Sinner (2018), Webtechnologien – JavaScript, PHP, Datenbank, 1.Auflage, Heidelberg, Springer Vieweg Berlin

Wikipedia, MySQL, https://www.de.wikipedia.org/wiki/MySQL, Abruf am 10.06.2022

Gadatsch (2017): Datenmodellierung für Einsteiger – Einführung in die Entity-Relationship-Modellierung und das Relationenmodell, Wiesbaden, Springer Vieweg Wiesbaden

Wagner, Hering (2014): Online-Befragung, in: Baur, Blasius (Hrsg.): Handbuch Methoden der empirischen Sozialforschung, 2.Auflage, Wiesbaden, Springer Fachmedien, S.661-662

Herrmann (2018): Datenorganisation und Datenbanken – Praxisorientierte Übungen mit MS Access 2016, 1.Auflage, Wiesbaden, Springer Vieweg Wiesbaden

Pioch (2019): Digital Entrepreneurship – Ein Praxisleitfaden für die Entwicklung eines digitalen Produkts von der Idee bis zur Markteinführung, Hamburg, Springer Fachmedien Wiesbaden GmbH

XAMPP – Über, https://www.apachefriends.org/de/about.html, Abruf am 28.06.2022

Ryte, Mock-Up, https://de.ryte.com/wiki/Mockup, Abruf am 20.06.2022

Wikipedia, Grafana, https://de.wikipedia.org/wiki/Grafana, Abruf am 29.06.2022

# BEI GRIN MACHT SICH IHR WISSEN BEZAHLT

- Wir veröffentlichen Ihre Hausarbeit, Bachelor- und Masterarbeit

- Ihr eigenes eBook und Buch - weltweit in allen wichtigen Shops

- Verdienen Sie an jedem Verkauf

## Jetzt bei www.GRIN.com hochladen und kostenlos publizieren